10年後のわが子を幸せにする本

塚本哲也 著

黎明書房

推薦の言葉

『10年後のわが子を幸せにする本』は、令和の時代の「子育て参考書」である。子育てについて、24項目の「秘訣」がわかりやすく述べられている。平易な語り口だが、現代的な視点で、鋭く今日の学校教育のよさと課題を描いている。

過日、著者の塚本哲也先生が校長時代の小学校を訪問した。子供達が、生き生きと学ぶ小学校だった。その学校のよさが、本書に表現されている。子育てに悩むお父さんお母さんの、良きバイブルになるだろう。

全国連合小学校長会顧問
敬愛大学名誉教授・客員教授
向山行雄

はじめに

数年前、夏の甲子園球場で長髪のチームが全国制覇を成し遂げました。高校野球と言えば、丸坊主の選手が、泥だらけになり、根性野球で勝利を目指すのが、日本人には当たり前の姿でした。それが、長髪で、しかも偏差値が高い高校であったことから、世間の見方が大きく変わるきっかけになりました。

また、スポーツ界では、ハーフの日本人がテニスや陸上で活躍しても、あまり賞賛されない雰囲気がありました。それが、日本で開催されたラグビーのワールドカップによって、見た目で判断しない風潮がでてきました。

今やどのスポーツでも、茶髪やピアス、化粧などは当たり前の姿になり、それが選手のモチベーションをあげるためにも重要な要素であるという考えが普通になって来ました。

さらに、根性論は否定され、選手の自主性を重んじた理論に基づいた指導法が一般的になってきました。

その考え方は、スポーツの世界だけの話ではありません。学校教育でも、家庭教育でも同様です。

長髪の甲子園優勝校のキャプテンの言葉が、今の時代を象徴しています。

「多様性の時代です。チームには、いろいろな個性の仲間がいます。その違いを認め合うことを大切にしてきたことが、この結果につながりました」

18歳の高校生が、こういった考えで今を生きているのです。明らかに10年前の18歳とは、違った認識です。

スピードの時代です。技術革新だけではなく、人の考え方も日に日に進化しています。

ママやパパが、時代の流れに置いてきぼりにされないことが、10年後のわが子を幸せにする必要条件です。

この書では、36年間の教育現場で経験したことと、退職後、公務員ではなく起業家として新たに経験したことを通して、これからのママやパパの子育てのあり方について、述べていきます。

この書を読み終えた時、「10年後のわが子を幸せにする」考え方を、ママやパパにきちんと持っていただけたなら、こんなにうれしいことはありません。

目次

目　次

1

小学生は　手を離せ　目を離すな

―今日から小学生―

生まれてから、小学生になる今までの6年間で、いろいろなことができるようになりました。

ご飯を食べられるようになった
歩くことができるようになった
しゃべられるようになった
絵や字が描けるようになった
歌が歌えるようになった

お菓子を人にあげられるようになった
ママやパパにありがとうって言えるようになった
日に日にできることが増えて、わが子は天才ではないかと勘違いしたほどではないでしょうか。

そんなわが子の成長を見られることが、ママやパパの最大の喜びです。
いつまでも抱きしめて、離したくない愛おしいわが子です。

子育ての言葉です。

「乳児は　肌を離すな
幼児は　肌を離せ　手を離すな

「小学生は　手を離せ　目を離すな
　中学生は　目を離せ　心を離すな」

今日からわが子は小学生です。手を離してあげてください。

手を握っていては、つまずくことも転ぶこともできません。大切な可愛いわが子だからこそ、擦りむいた痛みを知りながら、自分の力で立ち上がる姿を、目を離さずに見てあげてください。

先生たちが、一番困るのは、手を離さないママやパパの姿勢です。

学校では、集団生活の中で、いろいろな仲間にもまれながら、子どもたちは学んでいきます。

トラブルはつきものです。起きてしまったトラブルから、学びを深めさせるのが教育です。

手が離せないママやパパは、トラブルが起きる前に手を引っ張ってしまいます。そして、もしもトラブルが起これば、自分の身に起きたことのように、ママやパパが解決のために担任にクレームを入れるのです。

クレームを受けた担任は、トラブルが起きないようにその子の手を握るようになります。

ママやパパだけではなく担任までも手を握るようになってしまった子が、いつまでたっても自立していけないのは明らかです。

小学校の6年間は、わが子がどんな擦り傷をつくって帰ってくるかを楽しみに待つ心意気が大切です。擦り傷の多さが、わが子の強さになります。

2

中学生は　目を離せ　心を離すな　―もうわが子は、多感な中学生―

人生において節目ほど、大切な時期はありません。

特に小学校から中学校に入学する時ほど、その後の人生に大きな影響を与える時はないのです。

だからこそ、本人はもちろんですが、ママやパパこそがこの節目を有効なものにしたいものです。

わが子は、
変わりたいのです。
新しい自分をわかってほしいのです。
そして、まだ気づかない自分の可能性を見つけ、挑みたいのです。
そのわが子の可能性を生かすも殺すもママやパパの姿勢次第です。

もう多感な中学生になったのです。

今までのように、親ファーストではなく、今日からは子ファーストでいきましょう。

子ファーストとは、わが子が話すまで、待つことです。学校での様子が気になりますが、じっと我慢です。

わが子が話し始めたら、うなずきながら
そうなんだ
へーすごいね
楽しそうだね
いいじゃない
と共感してください。

決して、
どうして
だめだよ
こうしたら
やめな
など否定する言葉は厳禁です。

わが子は、
今、変わろうとしているのです。
今、新しい自分を発見しようとしているのです。
今、過去の不甲斐ない自分と戦っているのです。

もしも
制服なんか着たくない
髪の毛も黒くしたくない
赤い靴が履きたい
と言ったとしても、何も反対する理由はありません。

ただし、人に迷惑をかけることや自分を傷つけることはだめです。

担任の先生に子ども自身が、

自分はこうしたいです。
とはっきりと言えばいいのです。

担任の先生に聞かれればママやパパとして、
わが子の気持ちを大切にします。
と言えばいいのです。

無理して、学校のルールに押しつぶされてしまう必要はないのです。

少し話が、かたよってしまいました。

わが子は、小学校の時、
本当の自分は、もっと活発な自分でいたかった。
本当の自分は、あの子と仲良くしたかった。

本当の自分は、あれがしたかったんだ。
本当の自分は、あんなことしたくなかったんだ。
と思っていたのです。

中学生になる節目に、
こうなりたい
こうしたい
これがしたい
とママやパパに話したいのです。

それを聞いても否定せずに、「いいじゃない」「やってみたら」と反応したら、わが子は、この節目を最大限に生かして、新しい自分を発見し、いろいろなことに挑戦していくことでしょう。

そして、多感な中学生だからこそ、いろいろな話を肯定して聞いてくれるママやパパには、どんどん話すようになるのです。

それが、「中学生は　目を離せ　心を離すな」という子育ての言葉につながるのです。

3

小学校に英語教育が導入されたけど
―現ALTは言う―

小学校に英語教育が導入されて、数年が経ちました。
わが子の英語力は付いていますか？

受験のための英語教育を受けた我々の世代は、大学入試の共通テストで200点中180点を取った人でも、ほとんど英会話はできません。

何のための中高6年間の学習だったのでしょうか。それは、間違いなく受験のための、社会では役に立たない無駄な努力だったのです。

その反省の上に立って、小学校から英語の教科が導入されてはいるのですが、現実はどうでしょうか？

日本に来て、８年間ＡＬＴを経験している講師は言います。

「現在の小中学校の英語の授業では、実際に日常会話ができるようにはならない。」

と。

なぜなら、

一つ目に

ひとクラス35人の子どもは多すぎる

二つ目に

言葉は、自分の興味のあることを通して学ぶものだからです。

今、日本を訪れる外国の人たちは、驚くほど日本語が上手にしゃべられます。
みんなが口を揃えて言います。

日本のアニメが大好き
日本の食べ物が大好き
日本の武道が大好き

これらの好きなことをもっと知りたくて、日本語を覚えたのです。

今や英語は、世界共通語です。英語でコミュニケーションをとれなくして、世界での活躍はないという時代です。

サッカー選手やテニスプレーヤーなどの日本人アスリートは、英語でインタビューに答えています。

彼らは、早くから、それぞれのスポーツの本場の国に留学して、好きなスポーツを通して、語学力を高めたのです。

逆の言い方をすれば、日本人のスポーツ選手や芸術家たちが、世界で活躍できるようになったのは、小さい頃から英語でコミュニケーションがとれる力を身につけているからなのです。

とは言うものの、わが子に留学はなかなかさせられません。

しかし、興味のある好きなことで、英語を学ばせることは可能です。

ＡＬＴは続けて言います。

「10人の子どもがいたら、それぞれの子どもたちに、それぞれが好きなことを通して、英語でコミュニケーションがとれる力をつけてあげますよ。」

小中学校の英語の授業に期待するのには、まだまだ時間がかかりそうです。

だからと言って、ママやパパが、家でジャパニーズ英語を使いだしたら、子どもの耳は良くなりません。逆にマイナスになるので、わが子の前では、控えたほうが賢明です。

案外、ママやパパがあまり見せたくないユーチューブこそが、子どもの興味のあることでネイティブな英語を習わせる一番の近道になるのかもしれません。

4

今年の担任は、当たりですか？ ハズレですか？

4月のママたちの話題の中心は、わが子の担任の先生です。

当たりだったわ
うちはハズレだった
ラッキーだったわね
1年間つらいわ

ママたちは何を根拠にして、当たりハズレを決めているのでしょう？

周りの噂、評判、それともわが子の愚痴ですか？

ママは、どれだけその先生のことを知っているのですか？

今までどれだけ話をしてきたのですか？

一度や二度話したところで、良い話でなければ、お互いにわかり合えるはずがありません。

わが子は、自分の都合の悪いことは、ママやパパには話しません。

ママ友も色をつけて話すのが常です。

色眼鏡で見ないで、1年間その担任の先生としっかりと向き合って、当たりかハズレかはママ自身で判断すべきです。

先生も失敗はします。でも、次こそはうまくやろうと努力してスタートします。誰でも得意なこと苦手なことがあり、タイプもそれぞれです。もちろん先生だって同じです。

わが子にとっては、今年1年間、一番近くにいて、一番支援してくれる良き理解者が担任なのです。

わが子は担任を好きになりたいのに、その担任をママやパパが悪く言うことは、わが子の成長を妨げることになります。

一方で、本当に教員に向かない人もいます。

一番は

子どもが好きでない先生。

なぜ、教員の道を志したのかがわからない。

次は
精神的に不安定な先生。
いつも笑顔で明るく元気でなければ。

そして、
スタイルを変えられない先生。
ママやパパ、同僚、上司のアドバイスを受けても、変える努力ができない。

最後は、
時代の流れにあった教育を学ぶ姿勢がない先生。

どこの社会でも同じですが、教員でもいろいろな人がいます。問題を起こせば、退職させられるのですが、教員に向いていないだけでは、クビにできません。

一部には、当たりハズレのハズレの先生もいるのが事実です。いいところを見ようとしても、あまりにもマイナスの面が大きすぎる先生もいるのです。

だからこそ、これからは、学級担任制ではなく、学年担任制にすべきです。せめて小学校でも教科担任制を推し進めるべきです。

一人の先生に、1年間ずっと一つのクラスを任せるということが難しい時代になったのです。

多様性の時代にあって、いろいろな考え方や生き方が尊重される時代なのです。

一人の先生では、35人の子どもたちのそれぞれの好き嫌いに対応することは不可能です。

昔のように、一人の先生に35人の子どもたちが合わせる時代ではないのです。

わが子たちが、多くの先生の中から、自分にあった先生を見つける時代になったのです。

ママやパパは、学校の現状を理解しなければなりません。

理解できれば、クレームはなくなり、家庭で補えることを探し始めるのです。

5 ＰＴＡは、いつまで続くのですか？ ―くじ引きでの役員決め―

ある小学校で
「ＰＴＡ活動は必要ですか？」
と、保護者と教職員にアンケートをとりました。

その結果は
「必要ない」と回答した
保護者　89％
教職員　92％

でした。

きっと他の学校でも、ほぼ結果は同じではないでしょうか。

必要ないと思われていく組織を維持していくことほど大変なことはありません。

必要ないと思われている組織が、なくならない理由もわかりません。

役員になりたくなくて、子どもを転校させた親もいます。

全校のママやパパを体育館に集めて、一斉にくじ引きをして、役員を決める学校もあります。6年生ではなく、2年生のパパが役員になって、次の年に会長を務めたケースもあります。

くじ引きの日に欠席しようものなら、即、役員決定です。

また、くじを引き当てたパパが

「仕事が忙しいので、役員会にも、活動にも1日も参加できないが、それでもいいか？」

と発言したら、会場中から

「いいですよ！」

と、即、声があがったこともありました。

ＰＴＡは、戦後の混乱期の中、組織されました。

校舎を再建したり、グランドを作ったり、ママやパパと先生が協働しなければ、わが子たちに学ぶ場所さえ与えられなかった時代の産物です。

その時代は、わが子のために、ママやパパと先生がボランティアで活動することは必然だったのです。

時が経ち現在において、本当にやる必要のある活動があるのでしょうか。

学校が自由に使える予算さえあれば、ママやパパと先生がやるよりも効率が良く、完成度の高い仕事を専門業者がやってくれるのです。

ひとつあるとすれば、学校で、気持ちよく、笑顔で汗を流すママやパパと先生の姿をわが子たちに見せることです。

「せっかくの休みなのに、ＰＴＡの活動にでなければならない」

と、愚痴るママやパパの声をわが子は聞いているのです。

「やれる人が　やれる時に　やれるだけ」

ママやパパがこの姿をわが子に見せることが、これからの社会が必要としているボランティアの本当の意味を伝えることになります。

強制力のない主体的なボランティア活動ができるような体制を築いていかなければなりません。

ＰＴＡを新たな形にするには、もう待ったなしです。

ママとパパが声をあげる時です。

6

教科書の名前は誰が書く　―親、シール、子ども―

新しい教科書にノート、４月は今までの生活に一線入れてスタートできる時です。

全てがうまく行く気持ちに、誰もがなれます。

花々が咲き始め、新緑の山々も淡く光を放ち始めています。

わが子たちは、教科書やノートだけではなく、クラスも担任の先生も新しくなりました。

そして、全てにわが子の名前が記され、新しい所有者になりました。

学校でいえば、靴箱にロッカー、机や椅子など、以前の使用者の名前が消され、わが子の名前が記されています。これらは、担任の先生が、前の名前をはがし、新しいわが子のシールを貼ってくれたのです。

担任にとっては、この作業は、大変だけど、

「この子はどんな子かな」

「今年は、何を頑張るかな」

などと、ワクワク感のある楽しいものです。

今の新一年生のママやパパは、すごいです。

入学式の後、ママやパパが教室に入り、わが子の席の横で先生の話を聞いていま

す。

その間に机の上に置いてある全ての教科書に、あらかじめ作って用意してきたわが子の名前シールを貼るのです。

担任の先生が、
「教科書を持ち帰って、明日までに名前を書いて来てください」
と言うけれど、ランドセルに入りきらない教科書類は、ママやパパが持ち帰ることになることを、ママ友伝えに聞いて学習しているのです。

そして、次の日に、わが子が重たいランドセルを背負わないでいいように。

しかし、中にはこんな子どももいるのです。

ママが、名前シールを貼ろうとしたら
「はっちゃあダメ！」

「お家で私が書く！」

すごいのはこれを聞いたママの対応です。

「ごめんね」

「○○ちゃんの教科書だもんね」

と、すぐに貼るのをやめて、家に持ち帰ることにしたのです。

家に帰ったその子どもは、名前ペンを出してきて、精一杯丁寧に自分の名前をひらがなで書いたそうです。

少し前は、ママやパパが教科書にペンで名前を書いたものです。

しかし、今では、ママやパパが名前シールを貼る時代です。


どちらにしても、考えものです。


「綺麗な字のほうが良い」

とか、

「なくした時に読んでもらえない字では困る」

と、よく言われますが、いかがなものでしょうか。

その子どもが、さらにママに言った言葉は
「私の教科書だから、自分で書くの」
だそうです。

綺麗でなくても、多少読めなくても、大事なのは、自分のものは自分で管理させるということです。

ママやパパが書いてしまうと、わが子は、いつまでも書く機会を失ってしまいます。

たかが、名前かもしれませんが、いつまでもママやパパに頼るようになるのです。

このママのように、
「わが子が自分でする」
と言ったことは、できる限りやらせることが大切です。

これからの社会では、
自分で考え、

自分で決め、
自分が実行する、
そんな人材が求められているのです。

7
何係になりましたか？ —係の仕事をやり切らせる—

そろそろ学級の係が決まる頃です。

わが子は何係になりましたか？

「何係になっても同じでしょう」

と言う声が聞こえてきそうですが、学校での係の仕事は、わが子にとってとても重要なものなのです。

その理由を三つ述べます。

一つ目が、将来の仕事につながっているからです。

ある子は、毎年、必ず保健係に立候補します。そして、任された仕事を立派にやり遂げます。その子に

「なぜ毎年保健係をやってくれるの」

と聞いてみると

「私の夢はお医者さんになることだから、保健室で、養護の先生の仕事が見られるし、いろいろ勉強になるからです」

という答えが帰ってきました。

調子の悪い子の面倒を見たり、養護の先生の処置の仕方を見たりして、自分の将来を夢見ているのです。

二つ目が、クラスでの存在感を持たせられるからです。

「クラスに自分の居場所がない」

と、学校へ行くのを渋り始めた子がよく口にします。

前年まで、欠席の多い子がいました。

その子が、花係になったのです。

4月には、教室には生花があったり、鉢植えの花があったりと華やかです。例年だと、すぐにしおれたり、枯れたりして、ゴールデンウィーク前には、捨てられもせずに、そのままの状態になっているクラスさえあります。

しかし、その子が花係になったクラスの花々は、いつ見ても綺麗なままです。生花も一週間周期で新しくなり、鉢植えの花も燃えるように咲いています。テラスで

枯れていた観葉植物でさえ、息を吹き返し
青々と葉を広げています。

流石《さすが》に、その様子がゴールデンウィーク
後も続き、夏休み前まで続くと、
「○○ちゃん、すごいねー」
「いつもありがとうね」
クラスの仲間たちも、その子を認めるよ
うになってきます。

そして、いつからか
「グリーンハンドちゃん」
と、みんなから敬意を込めて呼ばれるよ
うになりました。

クラスに自己有用感が生まれ、存在感のできたその子は、当然、その1年間は、1日も休むことなく登校しました。

三つ目は、先生やママやパパが褒めて伸ばせる機会だからです。

保健係の子もグリーンハンドちゃんも、先生とママやパパの対応のすばらしさがあって、あのような姿を見せたのです。

保健係の子のママは、学校に行った時には、必ず養護の先生に会って、話をします。

「帰ってくると必ず、保健室での様子を話すんですよ」

「お医者さんになりたいって言ってるんです」

そうすると、養護の先生も今以上にその子のことを知り、声掛けもしっかりとしてくれるようになります。

また、グリーンハンドちゃんのママは、先生から花係になったことを聞くと、定期的に庭に咲いた花を摘んで娘に持たせました。

花を持って登校する娘の嬉しそうな顔を見て、そっと涙をこぼしたこともあります。

「一人一役」

学校ではよく使われる言葉です。

クラス35人のわが子たちが全て、先にあげた2人のように、やる気と責任感、そして、喜びを持って活動できたら、何とすばらしいクラスになることでしょう。

担任の先生は、一人一人に係を与え、やる気と責任感を持たせたいと考えています。

大切なことは、ママやパパが、わが子の係活動に関心を持ち、支援していく姿勢です。

その両輪によって、わが子は、授業で学ぶこと以上に、将来につながる力を手に入れるのです。

やり切らせてやってください。

8

授業参観で何をみてきますか？　―観・視・診―

年に何日か、授業参観日が設定されています。

初めてのクラスで、わが子がどんな様子で生活しているのか気になります。特に４月の参観日は、期待と不安でドキドキです。

先生方も、ママやパパとの最初の出会いですから、力が入って、準備に余念がないところです。

だから、今夜も帰宅時間は、夜の9時をまわってしまうのです。
「先生、早く帰って自分や家族のために時間を使ってください」
とは言っても、それは難しいのです。

最近は、ママとパパで来る保護者が増えました。いいことです。

ママだけだと、どうしても廊下で世間話に花が咲いてしまいます。気づいていないのは、おしゃべりに夢中になっているママばかりで、周りやわが子たちは、たいへん嫌な思いをしているのです。

中には、話しかけられて、嫌々話を合わせているママの姿もあります。

折角の機会なので、次の視点で子どもの様子をみてきてください。

一つ目は、「観る」です。

学校の花壇に咲き誇っている花々や新緑の眩しい校庭を観てください。

次にきれいに整頓されているわが子の靴箱や教室のロッカーや机を観てください。

そして、わが子の学んでいる姿勢を観てください。

どれも美しいはずです。4月ですから。褒めてあげてください。

二つ目は、「視る」です。

まず、わが子から目を離さずに視てくだ

さい。

先生の話や他の子の発言をどれだけ聞いているでしょうか。人の話をしっかりと聞けることが全ての基本です。相手の目を見て、うなずきながら聞いていたら100点です。

大概の子は、手に鉛筆を持ったり、消しゴムを転がしたりして、ながら聞きをしています。ながら聞きをしている子は、うなずくことはまずありません。

次に、先生を視てください。

わが子と何回視線が合ってますか？

もしも、1回も合わないようなら、この先期待できません。

1時間の授業で3回以上合っているなら、その先生を信じて、100％任せてください。間違いありません。この先生は、一人一人の良いところを見逃さず、必ず褒めているはずです。

三つ目は、「診る」です。

これは、
一つ目で、環境が整っていなかった場合
二つ目で、先生と目が一度も合わなかった場合
どう診るかです。

診断したら、もちろん悪い状況なので、担任の先生をなかなか褒めることは難しい状況です。

しかし、帰ってきたわが子は、褒めてあげてください。

「靴箱の靴、綺麗にそろえてあったね」
「友だちの発表を体を向けて聞いていたね」

「ママびっくりしたよ。すごいな」

と、少しでもできていたことを見つけて、大袈裟に褒めてあげてください。

では、先生に対してはどうするのか？

決して、直接、本人に悪いことを伝えてはいけません。

少しでも良いところがあれば、わが子と同じように、直接、大袈裟に褒めてください。先生だって、褒められれば、嬉しいし頑張ろうと思います。

校長室を覗いてください。そして、校長に話してください。

なかなか、校長室には入りにくいと思います。

ですが、最近は

「校長室のドアはいつでも開いている」

をスローガンに、ママやパパの意見を直接聞く雰囲気が高まっています。

一人で入りにくければ、他のママやパパを誘って、是非、ドアを叩いてください。

先生の悪口を伝えるのではありません。

「少し心配なことがあります」

という言い方で、ママやパパの思ったこと、感じたことを伝えてみてください。

きっと、校長は感謝の気持ちを持って、その先生に上手にアドバイスをしてくれます。

決して、

「○○のママがクレームを言ってきたんだが」

なんていう言い方は100％しませんから、ご安心を。

もしも、担任がすばらしい先生だったら、なおさら、校長室へ直行すべきです。

そして、

「最高の担任です」

「ありがとうございます」

なんて伝えれば、

みなが幸せな気持ちになり、今年1年は、わが子にとって最高な年になります。

9

部活動の今　—教育格差で、夢が叶えられない子どもたち—

中学生にとって、部活動の意義が大きいことは、改めて言うまでもありません。ママやパパ世代では、毎日部活動のために学校へ通っていたという人も多いはずです。

掲げた目標に向かって、仲間と汗と涙を流しながら、厳しく辛い練習に耐える日々を送っていました。その厳しさと辛さによって、より仲間意識が高まり、苦難に耐える力も養えたはずです。

先日もある中学校のハンドボール部で、
全員丸坊主にさせられた
という報道がありました。
一人の部員が問題行動を起こしたので、その責任をみんなで負わされたのです。

また、ある学校では、
平手打ちをされた
など体罰があったという報道もありました。

時代が変わって来ています。

２０１９年、日本でラグビーワールドカップが開催された時のことです。

ラグビーを盛り上げるために、山下真司さん主演のスクール・ウォーズを再放送

しようとした時、
連帯責任を負わせている
体罰がある
などの理由で見送られたそうです。

アタックNo.1や巨人の星などのアニメも、最近では再放送はありません。

スポーツ界に限らず、根性論は日本のおとぎ話になっています。

理論と主体性重視の考え方が、日本のスポーツを大きく変えています。ティーチングからコーチングへの転換です。

以前は、サッカー選手の茶髪や態度に対して、異を唱える人が多くいました。

しかし、今では、野球選手はもとより、どのプロスポーツ選手も、髪を染めたりマニキュアをしたりが、当たり前になりました。

自分のパフォーマンスを上げるためには、必要不可欠だととらえられています。

そして、さらに中学校の部活動のあり方についても、おおきな転換期を迎えています。

それは、連帯責任や体罰などの根絶といったものは言うまでもありませんが、存続の問題です。

教員の働き方改革を推進するための一番の問題が、この部活動です。

勤務時間前の朝練習や勤務後の夕方練習、そして、土日の休養日の休日練習に、教員は多くの時間をボランティアという名で費やしてきました。

そこに、メスが入ったのです。

現在は、教員ではなく、地域の指導者に部活動を任せる動きがおきています。ただ、先生は顧問を任され、限られた時間は指導者として位置付けられています。

しかし、この先は、中学校から部活動は無くなります。

それは、学校にとって都合の良い外部指導者を継続的に確保することが非常に難しいからです。

そして、部活動が、顧問の先生にとっては、やり甲斐もメリットも何も感じられない活動になってしまうことは、明確だからです。

そうなると可哀想なのはわが子たちです。

教育格差によって、将来に夢を馳せられないわが子たちが生まれてしまうということです。

お金と、ママやパパに送り迎えをする余裕のある家庭の子どもは、地域のクラブチームに入ることで、部活動の代用ができます。

しかし、余裕のない家庭の子どもたちは、授業後や、休日はなにをするのでしょう？

運動神経や才能があっても、開花させられずに蕾のまま、しぼんでしまうことは、日本社会の損失にもなります。

中学校の部活動によって、人生が劇的に変わった子どもたちをたくさん見てきました。

いよいよママやパパの出番です。

一つでいいです。小学校のうちから、わが子の好きなことを思いっきりやらせてください。

今の世の中、お金がなくても、暇がなくても、子どもが夢中になれる場所はいくらでもあります。

その場所を見つけることが、ママやパパの責務になるのです。

10

全国学力テストで問われている学力とは　―知識だけでは―

毎年4月に、小学6年生と中学2年生を対象に全国学力テストが実施されます。

これは、子どもの格付けを行うものではなく、10年ごとに変わる国の指導要領に沿った教育によって、子どもたちが、社会が必要としている学力をどれだけ身につけているかを測るものです。

言わば、各学校の指導が問われているのです。

だから、一時問題になった
出題問題を教える
指差しで、間違いを訂正させる
過去問ばかり解かせる
など、各学校は、平均点をあげることばかりを考えていた時期もありました。

しかし、今では逆に、先生方が、あまりにも点数に無関心で、自校が全国平均を下回っても
「今年の学年は、もともと学力が低いから」
などと他人事になっているというのも、いかがなものか。

ママやパパたちは、この全国学力テストの問題を解いたことがありますか？　子どもは、問題を持ち帰らないので、見たこともない方がほとんどだと思われます。

ここ数十年で大きく問題が変わりました。

見たなら、きっと驚くことでしょう。

以前のように知識を問う問題はありません。

一問一答形式ではなく、知識を活用する問題です。単語や年号、計算の仕方などを知っているだけでは、解答できません。

資料を読み解いたり、人の考えについて、自分の意見をまとめたりすることが求められるのです。

当然、問題文は長くなり、文章でまとめて書く出題がほとんどです。

きっと、大人でもそう簡単には、マルがもらえないと思われます。

今や、知識はスマホが教えてくれます。
社会では、ＡＩが人間の仕事を奪う時代です。

これから必要とされる学力の基礎は
読解力
です。

その上に、
新しいアイディアを生み出す力
他人と共生するために自己をコントロールする力
です。

そのために、
他者の意見や考えをうまく取り込み、わかりやすくまとめ、伝えること
が求められます。

さらに、わが子たちに必要なのは、経験を通して学び、技能を高めることです。

高校入試も大学入試も、さらに就職試験も大きく変わってきています。

これからの社会で必要な人材の捉え方が変わってきたからです。この現状は、働いているママやパパが一番身近で感じていることではないでしょうか。

難関大学を出ても、
指示が伝わらない
人とうまく付き合えない

この仕事では役に立たない
そんな同僚がいますよね。

また、ある医療系大学専門の予備校の代表から、次のような話を聞きました。

「予備校生の中には、医者という職業に向いていない生徒も多くいます。特に、自らの意志ではなく、親の希望によって医師を目指す生徒に、その傾向が見られやすいです。」

「子どもは、自分の特性に気づき、自覚しています。しかし、親の中には、子どもを見ないで、自分のエゴを通す親も少なくありません。」

「医者は、人の命を預る最も大切な仕事です。その仕事にかける情熱もなく、コミュニケーション能力もなく、人や物を大切にする優しさも感じられない生徒を決して合格させてはならない。」

「そういった生徒は、私の予備校では面倒を見ないようにしています。」

ペーパーテストで測れる力は限られています。

しかし、未だにペーパーテストによって、わが子たちが、序列化されている現実もあります。

有識者たちは、全国学力テストでこれからの社会が必要としている学力を測ろうと、躍起になっています。学力が正確に測れるかは別として、ママもパパも一度解いてみたらどうでしょうか。

小学6年の問題で、何問マルがもらえるか。

マルの数で、ママやパパが、現在の社会でどれだけ必要とされている人材なのかが見えてきます。

11

「学校へ行きたくない」と言われたら　―5月病対処法―

新年度が始まり、わが子たちは、やる気に満ちて学校へ通っていました。

前年度、登校を渋っていた子どもも、不思議と登校しています。

その姿をハラハラしながら、見送っていたママやパパも少なくないことでしょう。

また、多くのママやパパは

「わが子は、学校が好きだから心配無い」

と気にもかけていないことでしょう。

しかし、現代は、いつ、わが子が
「学校へ行きたくない」
と言って、部屋に引きこもるかもしれない時代なのです。

特に、ゴールデンウィークが終わった５月頃からは、毎年多くの子どもたちが、学校へ行くことを渋るようになります。

最近では、
「４月病」
という言葉さえ生まれてきました。

新学期そうそう、１週間もせずに登校できなくなる子どもの出現です。

それは、子どもだけではなく、大人も同様です。

出勤ができなくなる社会人の出現です。

その要因は、

まず一つ目

「新しい変化への対応力の不足」

二つ目

「コミュニケーション力の不足」

そして、三つ目

「基本的な生活習慣の不足」

この三つ目が、一番大きい要因です。また、改善できる要因でもあります。

４月は、環境が変わり、ストレスが多くなります。
５月は、ゴールデンウィークで、生活のリズムが変わりやすくなります。

しかし、基本的な生活習慣がしっかりと身についている人は、ストレスにも強いし、連休だろうが、生活リズムも変わることはありません。

では、基本的な、生活習慣の中で何が重要かというと。

それは、
「睡眠」と「食事」
です。

わが子の家庭での生活の様子を思い返してみてください。

朝起きる時間と夜眠る時間は、いつも同じですか？
食事は、朝、昼、晩と決まった時間に取っていますか？

この二つの基本的な生活習慣の不足が、学校渋りの根底にあります。

「授業についていけない」
「いじめられた」
などという理由は、引き金であって、そもそもの要因になることは少ないのです。

「不登校は、家庭の問題が大きい」
と言われがちなのは、この基本的な生活習慣をわが子が、小さい時から身につける教育ができていないと考えられるからです。

ただ、基本的な生活習慣がきっちりと身についているわが子に、学校渋りが出た場合は、要注意です。

こういった場合、学校に原因があることが多いのです。

学校へ、ママとパパが一緒に出向き、しっかりと先生と学校での様子を把握し、解決しなければなりません。

それについては、またの機会にお話しします。

特に、ママやパパの都合で、食事や睡眠の時間が不規則になりがちな家庭は、この5月は心の準備をしておいたほうがいいのかもしれません。

「学校へ行きたくない」

と言い出したわが子に対して、どう対処したら良いのか。

決して
「どうして」
などと問い詰めないでください。

また、
「お仕事に行かなければならないから、学校へ行って」
などと親の都合で追い出さないでください。

一番良いのは

「私も休むから、今日はゆっくりしようか」

と、ママかパパが仕事を休んで、朝食や昼食、そして、夕食をしっかりととって、早めに床につくことです。

ほとんどのママやパパが、急には休めないのはわかります。

ただ、無理に登校させたとしても、基本的な生活習慣が身につくまでは、登校渋りは続きます。

さらに、無理やり登校を続けさせれば、部屋に引きこもったり、暴れたりするようになります。

時間はかかりますが、生活習慣の改善のために、パパとママが努力するしかありません。

そして、子どもには、学校以外の場所で楽しいことをさせることが大切です。

今では、多くのフリースクールがあります。

パンフレットやホームページなどの情報から、それぞれの特徴をわが子に示し、可能であれば見学・体験をして、本人の興味のわく場所を見つけさせることです。意外と学校以外の場所へは、抵抗なく行けることが多いのです。

フリースクールへ通いながら、基本的な生活習慣を身につけさせることができれば、腫れ物が取れるように、学校へ登校することができるようになる場合が多いです。

今では

「登校拒否」

という言葉は死語になっています。

「不登校」
という言葉は、登校しないという選択肢もあることを示します。

多様性の時代です。

子どもの頃から、いろいろな選択肢のあることを教えることが大事な時代です。

「学校へ行きたくない」
と言われても、
「その選択もいいじゃない」
と笑顔で返せるママやパパでありたいものです。

ただ、ママ、パパとして、責任は果たしてください。

12

宿題がなくても学力は低下しない ―宿題ではなく作業―

「宿題やった？」

ママやパパの決まり文句です。

わが子は、耳にタコができるほど聞かされている言葉です。

しかし、最近はこの言葉が使えなくなってきています。

きっと数年先には、

「宿題やった？」

という言葉は、死語になることでしょう。


なぜなら、学校は宿題を出さないようになりつつあるからです。

ママやパパにしてみれば、

「宿題を出してくれないと困る」

「勉強しなくなるじゃない」

と言いたくなるでしょう。


しかし、それって本当ですか？

ママやパパも、昔を思い出してください。

同じ言葉を親から言われ、しぶしぶ机に向かってやった宿題に意味があったと感じていますか？

ほとんどの宿題は、ドリル問題を繰り返し解かせたり、書かせたりするものです。その宿題には、個に対する配慮はありません。どの子も同じ問題を同じだけやらせるのが宿題です。

だから、
「漢字を10ページ練習しなさい」
とか
「計算問題をぜんぶ解きなさい」
なんていうものがほとんどです。

すでに漢字を覚えている子も、計算がすらすらできる子も、プリントを埋めて提出しなければなりません。

逆に、まだ、そこまで理解できていない子も、答えを写すことで、宿題を終わらせているのです。

これは、勉強ではなく、作業でしかないのです。

ママやパパは、宿題をやることで、子どもが勉強していると勘違いしています。

せめて、
できる子には、さらに難しい問題を
できない子には、やさしい問題を
宿題として出してもらえればいいのですが。

教員不足、働き方改革という時代にあって、個にあった宿題を期待するほうが間違っています。

そもそも、家庭での勉強に、学校が宿題という強制力のあるものを持ち込むこと自体おかしなことなのです。

今までの日本の学校は、家庭での子どもの生活までも管理していました。良かれと思って、先生の本来の仕事でないことも、やってきました。

時代が変わってきました。

学校が担うこと
家庭が担うこと

地域や企業が担うこと

きちっとした線引きが、必要な時代です。

だから、
宿題は、なくなります。
ママやパパが担うこと
だからです。

ただ、宿題がなくなって本当に学力が低下するのでしょうか？

今求められている学力は、知識ではありません。知識は、スマホの中からいつでもどこでも簡単に出せます。

知識をどう活用するのか
他者の考えをどう取り込むのか
新しいアイディアや発想をいかに生み出すのか
といった

生きた知識
です。

この力は、ドリル学習では身につきません。

大切なことは、自分の好きなことを追求して行くことです。そこから、自主学習が生まれ、今求められている学力が身につくのです。

ママやパパの家庭教育は、子どもが興味を持ったことを応援することです。

学校の5教科の点数を取らせることだけを考える時代は、もう過ぎ去っているのです。

13

親子で投資について学ぼう
―学ぶことが一番の投資―

新NISAやiDeCo（イデコ）など、今、世間では投資への関心が高まっています。

元来、日本人は、汗水垂らして働いて得たお金こそが尊いという考えを持っています。そうして得たお金は、銀行へ預けて、将来のために蓄えることを美徳としていました。

しかし、今、それが大きく変わろうとしています。

銀行へ預けておいても、１年間で０・１％ほどの年利では、物価高騰のほうが上回り、維持するどころか、減ってしまうのです。

ただ、そんなことは頭ではわかっていても、貯金以外の考えは思い当たらないのです。

詐欺に引っ掛かったとか株で大損したなどという話ばかりが、耳に入ってくるから、

投資＝損

汗水流さずして利益なし

と、刷り込まれているのです。

投資に対するマイナスイメージの一番の要因は、学校の教育で学ぶ機会がなかったからです。

投資は、企業を応援すること
です。

今まで、日本人は、この考えを正しく学んでこなかったから、有望な会社は、日本ではなく外国で起業をしてしまいます。

日本で起業しても、日本人は誰も応援してくれないからです。

海外では、家庭でも幼少期から、お金や投資の話をわが子にするのが当たり前です。

もちろん、学校でも授業が行われています。

そのことにやっと日本の政府も気づいたのです。

ＮＩＳＡやｉＤｅＣｏなどの政策で、儲け分を非課税にすることによって、投資を促進しようとしているのです。

優秀な企業の卵を、日本で、大きく羽ばたかせることが、国益になるからです。

文科省も、高校の家庭科に投資の授業を入れました。小学校や中学校でも、投資の授業を、推奨しています。

ただ、大きな問題は、投資について教えられる教員がいないことです。

教員ほど真面目な集団はありません。

今までの人生の中で、投資などというものは避け、興味すら持たなかった人が、どうやってわが子たちに、正しい投資の考え方を教えられるでしょうか。

これからの時代は、貯金から投資へ変わって行く時代です。

誰もが当たり前に投資をして、お金を増やし、幸せな生活を送っていくのです。

投資で得たお金は、決して汚いお金ではありません。

自分の好きな会社を応援して、そのお礼にもらえた晴れやかなお金です。

大切なことは、子どもの頃から、お金についての正しい理解と投資に対しての確かな考え方を身につけることです。

学校に期待するには、まだまだ時間がかかります。

ママやパパもお金や投資について、正しく学んでいない世代です。きっとママやパパの正しい知識は、わが子のそれと同程度でしかないでしょう。

ならば、親子で一緒に学んでみたらどうでしょうか。

生きていくうえで一番大事なお金のことについて、学ぶことすらも卑しいと感じてきた日本人の意識が、大きく変わる時が来たのです。

お金や投資について学ぶことが、わが子への一番の投資なのです。

14

子どもにとっての夏休み

―親が不満を口にしない―

あっと言う間に梅雨が明け、夏休みがやってきました。

ママやパパにしてみると、余分な仕事と余計な心配が増えて、ちょっぴり憂うつな気持ちになっていませんか。

わが子にしてみたら、学校から解放されて、楽しみな42日間のスタートです。

今では、多くの学校で夏休みの宿題をなくしたり、減らしたりしています。

また、プール開放や出校日もないのが当たり前になってきました。

時代とともに、学校に任せていた部分が、ママやパパに任されるる方向にシフトしてきています。

この流れに、愚痴や不満を言っていても始まりません。

わが子をどう育て、いかに教育を受けさせるかを前向きに考えなければなりません。

マイナスに考えている間に、わが子は、どんどん学年をあげ、あっと言う間に社会人になるのです。

ママやパパだけではなく、社会が求めている人間像は

「幸せな家庭を築き、変化の激しい社会を生き抜いて行ける日本人になる」
ことです。

「この夏休みをどう過ごさせるのか」
は、ママやパパにかかっているのです。

一番大切なことは
「わが子の気持ちや考えを大切にする」
ことです。

次に大切なことは
「ママやパパの思いや願いを伝える」
ことです。

わが子にしてみたら、
「ママやパパが私の気持ちを受け止めてくれた」
ママやパパにしてみたら、
「わが子が私の心配を心にとめてくれた」

この双方の喜びこそが、前向きな行動につながる必要条件になるのです。

どういう訳かママやパパになると、学校の勉強を一番に考えてしまう傾向があります。

しかし、周りを見渡してみれば、わが子にとって大切なことは、学校の勉強ではないことに簡単に気づくはずです。

だからこそ、学校の勉強から解放された夏休みは、わが子が大人になるための学びの絶好の機会になるのです。

わが子と、ゆっくりと長い夏休みの過ごし方について話してみてください。

挑戦と冒険

「やりたい」

と、わが子が言ったことは、

「やらせてやる」

「何やったらいいかわからない」

と、わが子が言ったなら、

「一緒にみつけてやる」

ママやパパもわが子と一緒になって、挑戦と冒険の夏休みになったら、

憂うつ
どころか
最高の夏休みになります。

全てがうまく行くためには
「朝早く起きる」
ことにかかっています。

休日であろうと、平日と同じ生活リズムを崩さないことです。

早起きは三文の徳
このことわざは真実です。

15

14歳　真夏の大冒険　―パリオリンピック―

パリオリンピックでの選手たちが創り上げる物語に、日々涙を流していました。

アスリートたちは、この瞬間のために、全てをかけて4年間努力し続けて来たのです。

日本の代表として、オリンピックに出場するだけでもすばらしいことなのに、この大舞台でメダル獲得を目指して、挑んでいる選手たちには敬意を表します。

その中でも、特に興味深いのは、金・銀メダルを獲得したスケートボードの14歳と15歳の選手です。

金メダルを獲得した吉沢恋《ここ》選手は、まだ14歳（当時）の中学生です。

1992年のバルセロナオリンピック競泳で、最年少ゴールドメダリストになった岩崎恭子選手も、14歳でした。

あの頃は、奇跡的な出来事だったように記憶しています。しかし、最近では、中学生がメダルを獲得しても、それほどの驚きではなくなってきました。

その理由は
一つ目に
ママやパパが、わが子が小さい頃から、適切な環境を整え与えていること。
二つ目に
根性論ではなく、科学的に体と心を育てていること。
三つ目に
日本から飛び出し、世界のアスリートとの交流をしていること。

このことは、多くの種目で、世界と対等に戦っている日本人についても言えることです。

恋選手は、東京オリンピックで金メダルを獲得した13歳の西矢椛《もみじ》選手の技を見て
「私がやってる技と同じだ」
と発言し、当時11歳の自分も世界に通用すると思ったそうです。

スケートボードという競技だから、最年少メダリストが誕生したのではありませんん。

間違いなく、今後も、どんどんと若い選手が世界のトップアスリートになることでしょう。

そして、どの種目も、ますますハイレベルな戦いになっていくでしょう。

そうなっていくと、人間がやる審判にも限界が出てきます。

今回のオリンピックでも、

誤審

が、大きく取り上げられました。

近い将来、ＡＩによる審判が、当たり前の時代がやってくるでしょう。

ただ、誤審に対しても、異議を唱えずに立ち振る舞う選手の潔さにも、オリンピックのすばらしさがあります。

選手も審判員も、そして、運営陣も今まで努力してきた力を精一杯出し切るからこそ、多種多様な世界中の人々を感動させるチカラがそこにあるのです。

ママやパパ、
わが子にも
世界で通用するチカラがありますよ。
まだ見えないそのチカラを発見してあげてください！

16

海は行きたくない！　—恐怖で行動抑制?!—

「家族旅行で海に行って泳ごうか」
とわが子に声をかけたら
「海や川は危ないから、行かない」
と言い返されたママから相談がありました。

また、夏休みになって、家の中から出ようとしないので、
「公園に遊びに行こう」
と誘っても

「熱中症が心配だから、行かない」

と言って、家の中でユーチューブを観ているそうです。

確かに、海や川で泳ぐことには危険が伴うし、この猛暑の中、外遊びは心配です。

ただ、ママやパパが心配して、行動を抑制するのならまだしも、小学生の低学年のわが子が、楽しいはずの外遊びを自ら敬遠するのは、どうしたことか。

そのママが続けたのは
「夏休みに入る前に、担任の先生からビデオを見せられ、安全指導があったようです」

「そのビデオが強烈に、海や川で泳ぐことや外での遊びの危険性を訴えるものだったようなんです」

「溺れて亡くなる子どもの様子や熱中症で救急車で搬送される場面が繰り返し流

れたみたいです」
という恐怖で脅すような指導の内容でした。

子どもたちに、暑い時の外遊びでは、何に気をつけ、どう遊べばいいかを考えさせることが大切です。

海や川での遊びも同様です。

「転ばぬ先の杖」
ということわざがあります。

この杖は、先生やママ、パパであってはならないのです。

この杖をわが子が自ら持てるような教育が必要なのです。

最近、小・中学校を訪れて驚くことがあります。

それは、どこの学校のグランドも草が生い茂っていることです。暑さ指数WBGTの数値によって、放課の外遊びや体育の授業、部活動が禁止されているからです。

この猛暑では、致し方ないことかもしれません。

ただ、遊ぶことが仕事であるわが子たちにとって、この夏の遊び場所を奪うことなく、満喫させてやりたいものです。

今の時代でも、わが子たちにとって、学校の先生が言ったことは、守らなければならない絶対的な言葉になるのです。

わが子たちを恐怖で行動抑制させてはなりません。

これからの時代を生き抜いて行ける
「自ら学び考え、対応力のある」
わが子を育てていくためには、今一度、先生だけではなくママやパパの言動で、わが子を行動抑制していることがないか、次の項目でチェックしてみる必要があります。

①　手をあげたり、つかんだりして力で抑え込む
②　強い言葉や罵声などを浴びせ、恐怖心を与える
③　不安材料ばかり与え、失敗するイメージを描かせる
④　「みんな」という言葉を使って、集団同調させる
⑤　罰を与えたり、無視したりする

17

スマホへの対応力を学ばせる ―スマホは天使の道具―

携帯電話が普及し始めた頃、

「携帯は悪魔の道具」

「使うと恐ろしいことに巻き込まれて、不幸になる」

「使用禁止」

という指導を子どもたちにしていたことを思い出します。


今振り返ってみると、これは、とんでもない間違った指導でした。

禁止からは、何も生まれません。逆に、子どもたちは抜け道を探すようになります。隠れて使うようになるので、逆に問題の発覚が遅れ、大事になるリスクのほうが増えるのです。

最近では
新しい技術革新を、未来を生きる子どもたちに、真っ先に使わせることが、どれだけ有効か
ということに、世間も気づいてきました。

今は、携帯をはるかにしのぐ機能のついたスマホの時代です。

ママやパパも、そして、わが子もスマホが無くては、生活ができない世の中です。

まさに

天使の道具
です。

しかし、機能が増えれば増えるほど、子どもたちにとっては、危険も増えます。

メールを利用したいじめ
誹謗中傷の拡散
写真や動画などプライバシーの侵害
詐欺などの犯罪

だから、
使用を禁止させる
という考えではなく、
制限をかけながら、使い方をきちっと教えていくという考えに変わってきています。

「禁止ではなく、対応力」
を学ばせるということです。

では、子どもたちに対応力について、誰が教えていくのでしょうか。

それは、ママやパパです。

学校に期待していませんか。

よく、ＬＩＮＥなどを使ったいじめが問題になります。
ＬＩＮＥ外しをされた
ＬＩＮＥで誹謗中傷をうけた

LINEで写真を拡散された

このような被害をうけた子どものママやパパは、どうすべきでしょうか。

① わが子から、今までの経緯や内容などを全て聞き出す

② その情報をもって、相手方のママやパパへ相談に行く

③ 関係した子どもたちを入れて、事実確認をし、今後の方向性を決める

大概の場合、ママやパパが、直接、相手方のママやパパに会って話すことによって、うまく解決します。

万が一それでも解決できない場合については、

④ 警察へ被害届を出す

子ども同士とはいえ、スマホなどSNSを使ったいじめや犯罪については、学校

へ連絡し解決してもらおうと考えないほうがいい時代です。

使い方も大事ですが、いくら使い方を教えてもトラブルは起きます。

問題が実際に起きてしまった後のママやパパの姿勢が何より重要です。

わが子にその姿を見せることが、ママやパパがわが子に対応力を学ばせることにつながるのです。

被害者にとっても加害者にとっても、

公の法に則って対処するのがよいでしょう。

そして、その過程を経験させることが、

10年後のわが子の幸せにつながっていくはずです。

18

夏休みの終わり　―楽しく登校するために―

長い夏休みが終わります。

時間や環境に縛られることなく、自由に過ごした日々から、学校という環境の中で時間に縛られる生活に戻ります。

友だちに会いたい
先生に会いたい
早くみんなと一緒に勉強したい

と、思っている子どもたちもたくさんいます。

しかし、一方で

朝、起きるのが辛い
宿題がやれてないから、叱られる
学校へ行きたくない

と、憂うつになっている子どもたちもいます。

わが子が、どちらに当たるかは、この夏休みの過ごし方によるところが大きいと思われます。

ただ、過ぎてしまった日々は戻って来ません。

学校への登校が楽しみな子どもたちは、問題はありません。

このままだと、9月からの登校が心配だなと思っているママやパパたちに、今からできる対処法をお伝えします。

一つ目
生活リズムを夜型から朝型に戻す。

長期休業中は、どうしても、朝寝坊してしまいがちです。朝、ゆっくり寝てしまうと、なかなか夜が寝られなくなって、夜鷹になってしまいます。

まずは、この習慣を元に戻すことです。

明日の朝から、登校時間に間に合うよう目覚ましをかけさせ、わが子が自分で起きられるように支援してください。

そして、夜は早めに夕食をとり、ゆっくりお風呂に入らせ、家族みんなで就寝することを心掛けるといいです。

二つ目

できていない宿題を無理強いしない。

宿題ができていなくて、登校渋りになるケースが多くあります。

この長い休み中にできなかった宿題が、残り少ない日でできるはずがありません。

中には、

やらないと先生に怒られる
やれていないのに、登校なんかできない
と、思い込んでしまう子どももいます。
こういった子どもたちが、一番登校渋りに陥りがちです。

まずは、ママやパパがゆっくりと向き合って
「宿題なんかやれてなくても大丈夫だよ」
ということを諭して安心させてください。

今では、先生たちも、宿題がやれてないことを叱ったり、やれるまで強要したりする指導は行いません。

過ぎたことよりも、これからのことを子どもに伝えて、一緒になって考えてくれ

ます。

最後、三つ目

担任の先生と情報交換をしておく。

今のわが子の様子を見てると、ちょっと心配だなと思うことがあれば、ためらわずに学校が始まるまでに、担任の先生に電話をすることです。

家での生活の様子や宿題のことなど、先生へ伝えておけば、意識した言葉がけや学校全体での配慮もしてもらえるはずです。

9月から、誰もが安心して学校生活へ戻れることを願っています。

ただし、今は多様性の時代です。

学校へ行くだけが全てではありません。

わが子の性格や特性、成長の様子を見ながら、ママやパパが、その子にあった環境を与えてやることが必要な時代です。

フリースクールやアフタースクールなど、時代にあった教育を行う場所は多くあります。

大切にしたいのは、子どもたちの10年後です。

無理してわが子に、今を強いることこそ、危険であることを、まずはママやパパが認識してください。

19

SOSのサイン・ンに気づいて　―コップの水が溢れる時―

新学期が始まって、１週間が過ぎます。
お子さんの様子はどうですか？

そう聞かれても、
変わりなく学校へ行ってますよ
何も言わないから、問題ないんじゃないですか
と答えるしかないと言われそうです。

ただ、見ているだけでは、わが子の心を見ることはできません。

見ようとしてますか？

忙しさのあまり、
見ているから大丈夫
と思い込もうとしているだけではありませんか。

子どもたちの心は、とても繊細で日々変化しています。

さっきまで泣いていたのに、すぐに笑顔になって遊んでいる姿が、日常茶飯事です。

特に長い夏休みが終わった後の９月は、子どもの心が乱れがちになります。

ゴールデンウィークを乗り切り、やっと迎えた夏休みが終わってしまい、目標のもち難い2学期が始まってしまったのです。

子どもの心は、よく紙コップに例えられます。

耐久性がなく、中が見えない紙コップです。

紙コップに水を注いでいきます。横から見ていてはあとどれだけ注げば、水が溢れるか見えません。

子どもの心も同じです。

嫌なことや不安なことなどが、どんどんと心のコップに注がれていきます。

そのままにしておけば、いつか溢れ出します。

水には表面張力もあるので、溢れる時は一気に来ます。

溢れた水は、一箇所からではなく、コップの縁のあらゆる所からこぼれ落ちます。

溢れてからでは、なかなか止めることは難しくなります。

そうならないためにママやパパが時々、心のコップに溜まったものを出してやらな

ければなりません。

子どもによって、紙コップの大きさはまちまちです。

紙コップでも、中が透けて見やすいコップの子もいますが、いろいろな角度から見ないと見えないコップの子もいます。

専門家の検査が必要だったりする子もいます。

ママやパパがそのことを理解して、わが子の心のコップの様子を見る気で、見てやることが大切です。

大人になれば、自分で心のコップの内容量を調節できるようになります。

今、わが子の心のカップは、溢れそうではありませんか?

子どもは、必ず溢れる前に
ＳＯＳのサイン
を発しています。

心は身体に表れます。

食欲がない
頭が痛い
腹痛がある
夜眠れない
口数が減った
すぐに自分の部屋に入ってしまう

痩せた

ＳＯＳのサインに気づけるママやパパと
忙しさの中で見過ごすママやパパとの違いが、
子どもの笑顔の多さの違いになります。

20

私を修学旅行へ連れてって　―心の声を聞いて―

最近では、行事を削減する学校が増えて、遠足がないのも当たり前になってきました。

しかし、修学旅行だけは、流石《さすが》になくなることはないでしょう。

学芸会や運動会がなくなっても、修学旅行は、この先も学校から消えることのない重要な位置付けがなされています。

その意味は
6年間の総まとめの学習であること
子どもたちにとって、一生涯心の糧になる行事であること
にあります。

ただ、残念ながらこの修学旅行へ行けない子どもがいます。

たとえば、
子どもは行きたくても、ママやパパに行かせてやれるお金がない場合
不登校で子どもが行かないと言う場合
があります。

数十年前だと、旅行社が肩代わりしてくれたり、担任が地腹を切ったりして連れて行くこともありました。

また、不登校の子どもにも、何日も家庭訪問を繰り返しながら、その意義や仲間の思いなどを伝えながら、本人の気持ちを旅行に向かせたものです。

あるいは、バスや部屋で仲間と過ごせない子どもは、ママやパパに同伴してもらい自家用車で移動したり、別部屋を用意したりしたものです。

こんな配慮までして、

「連れて行くことに本当に意義があるか」

という議論になることも多々ありました。

しかし、不登校だった子どもたちが、大人になって、家庭を持った時、こんな言葉を伝えてくれるのです。

「市からの補助金もママが使ってしまって、行けないと諦めていました。でも、先生がお金を工面してくれて、仲間との最高の思い出を作ることができました。数十年たってしまいましたが、お金を返させてください。」

「先生、あの時、強引に連れて行ってくれてありがとう。小学校時代のあの京都の思い出があって、今の自分がいます。」

こんなドラマみたいなことが、実際にあるのです。

それほどまでに、修学旅行は、子どもにとって光り輝く希望になっているのです。

「行かない」

と言っているわが子がいたとしても、

前日には

旅行カバンに全ての準備をして、

当日の朝には
お弁当を作っておいてください。
バスが出発してしまっても、慌てずにゆっくり車に乗せて、京都へ向けて出発し
ましょう。

清水寺、金閣寺、グループ行動の市内見学がダメでも、
宿
もしかして、次の日の奈良
きっと旅先のどこかで、わが子は心を解放して、同級生の仲間と一つになれる瞬
間を味わうでしょう。

全ての行動が、ママやパパと一緒だったとしても、大仏を見上げる仲間の姿を心
に焼き付けることでしょう。

21

友だちの家に遊びに行かない小学生

―多様性を学ぶ場所―

ある調査によると
「放課後に友だちの家に遊びに行く」
と答えた小学生の割合が

10年前には
50・6％
今は
29・1％

に減少しているという結果が報告されました。

では、今の子どもたちはどこで遊んでいるのでしょうか?

国の政策で、放課後児童クラブが整備されています。家に帰らず、ママやパパが仕事帰りに迎えに来るまで、クラブハウスで過ごしているのです。

ママやパパが家にいる家庭では、子どもは下校し、家で過ごします。しかし、友だちは児童クラブに行っているから、遊びに来ることも、自分が行くこともなくなっているのです。

それは、それで核家族になり、共働きの家庭が増えて、友だちの家で遊ぶことが減ったのなら、仕方ないところもあります。

平日ならなおさらですが、ママやパパが在宅している休みの日でも、子どもたちの家の行き来は減っています。

その理由が、

「ママやパパが、友だちが家に遊びに来てほしくないから、わが子も遊びに行かせない」

ということなのです。


なぜ、ママやパパはそう考えるようになったのでしょうか？


遊びに来た友だちに、お菓子などを出してあげたい。

ただ、アレルギーなどがあったら、トラブルになってしまう。

訪問した子どもが家の様子を、ママやパパに伝えたら、どう思われるだろうか。

などと身構えるママやパパが増えているのが現実です。

昔のように、散らかった家に友だちが気楽に遊びに来て、そのあたりにあるお菓子を勝手に食べていた時代ではなくなっているのです。

わが子にとって、
自分の家が世界の全てです。

友だちの家に行くことで、わが家の当たり前が、友だちの家では当たり前でないことに気づきます。

礼儀作法
言葉遣い

食べ物や食べ方

など、それぞれの家にはそれぞれの個性があります。

まさに、小学生にとっては、多様性を学ぶ貴重な場所なのです。

大人にとっての海外旅行へ行くほどの経験ができるのです。

先生の家庭訪問がなくなり、お祭りでの親戚の集まりもなくなるなど、家庭に人を招く機会がどんどんと減っています。

友だちの家で遊ばなくなったわが子たちが大人になった頃には、家はプライベートな場所になるでしょう。

大人になって、ふとした瞬間に思い出す

友だちの家の匂い
や
カレーの味
や
おばさんやおじさんの
「また、おいでね」
と言う声は

今でも、私の生きる糧になっています。

22

遊びに行っても学校は欠席にならないの？ ―ラーケーション―

愛知県では、令和5年よりラーケーションの日が設定されました。

これは、
子どもの学び　ラーニング
と
保護者の休暇　バケーション
を組み合わせた造語です。

ラーケーションは、子どもが保護者等とともに平日に、校外で体験や探究の学び・活動を自ら考え、企画し、実行することができる日です。

年間で3日間取得でき、その日は、欠席にはなりません。

この制度が始まった当初は、学校にとってはあまり好評ではありませんでした。

ママやパパが提出してきた計画書に対して、認めて良いかどうかの判断に難しさを感じたからです。

また、休んだ日の授業の遅れや穴埋めをどうするか

学校行事やテストの日などに休んだら、どう対応したらよいか

など、管理的な体制が残っている学校では、反対する意見も多く聞かれました。

ただ、愛知県の大村知事が先陣を切って始めたラーケーションの日は、これからの時代に受け入れられる政策です。

わが子の教育を学校が全て担う時代は去ったのです。

やはり、わが子の教育は、ママやパパの責務です。

格差社会だと言われますが、教育に格差を生んではなりません。
収入が少なくても、わが子の教育はできます。
塾や習い事に行かせるだけが教育ではありません。

教育の基盤は、家庭にあります。
暖かな安らぎがあるか
守られている安心感はあるか

思うことをしっかりと聞いてくれる人がいるか

わが子はママやパパの背中を見て育つ
と言われます。

仕事ばかりで忙しくても、わが子はママやパパの背中を見ています。

時間がなくてもお金がなくても、ママやパパの日々の姿勢が、教育そのものにな
るのです。

ゆっくりと肩を寄せ合ってください。
ごはんを一緒に食べてください。
うなずきながら話を聞いてください。

忙しくても、
疲れていても。

土日や祝日に仕事が休めないママやパパたちが多くいます。
平日に休んで、わが子とラーケーションを楽しんでください。
今では学校も、計画書をしっかりとは見なくなりました。

親子水入らずで、平日に近くの公園へお弁当を持参して、語らうだけでいいのです。

遊園地やテーマパークへ行っても問題ありません。

ママやパパとわが子で出かけることは、全てすばらしい教育です。

1年間に3日しかないラーケーションの日を有効に使ってください。

外出しなくても、
家の中でゲームをしたり、
庭で遊んだり。

大切なことは、親子で共通の時間を持つということです。

ラーケーションの日のすばらしさが認知され、全国に広がり、さらに取得日が増えることを願っています。

23

通知表は、意味があるの？

―数年後にはなくなります―

通知表は、小学校では３段階評価、中学校では５段階評価が一般的です。

最近では、総合的な学習や道徳などの教科は、文章による評価がなされています。

社会では、ＰＤＣＡサイクルを回すことが、成果を出す秘訣だと言われて久しいです。

プラン（ＰＬＡＮ）　目標を設定し

ドゥー（DO）　　　　実行し
チェック（CHECK）　　評価し
アクション（ACTION）　再度動くこと

この繰り返しが重要だということはわかります。

ただ、義務教育における評価のあり方には、疑問を持ちます。

子どもたちにとって、4ヵ月間の頑張りを3段階もしくは5段階で評価することに意味があるのでしょうか。

中学生にとっては、現在、高校入試の判断材料になっているので、意味があるといえます。しかし、その5段階の評価を高校受験の合否の判定に使うことに意味があるかという議論は、必要なはずです。

最近では、中学校の評定にとらわれず、高校独自の入試を行う学校も増えてきました。これにより、高校の特性がはっきりと表れ、子どもは、個性を伸ばせる選択をすることができます。

日本もいつまでも、５教科という狭い学力観にとらわれていてはいけません。

世界から置いてきぼりにされます。

ましてや、小学生には、通知表はマイナスでしかありません。

担任の先生と馬が合わなければ、子どもは素直に態度で表します。授業を真面目に受けるはずがありません。

テストでも良い点数が取れるはずがないし、授業態度も低評価になるに決まっています。

馬が合えば、前向きに授業を受けるので、当然良い評価になります。

通知表の良い評価ならいいですが、悪い評価を見た時、ママやパパはわが子に言葉をかけるのが難しいはずです。

担任の先生が、ママやパパが褒めることができる、わが子の様子を言葉で書いてくれれば、まだありがたいのですが、最近では、担任の所見欄もなくなりました。

実際のところ、少しずつ、通知表を廃止する学校も出てきました。

数年後には、撤廃されることでしょう。

大切なことは、自己評価です。

人からの評価ではなく、自分で目標を掲げ、行動を起こし、自己評価できる人材を育成することが、義務教育に求められているのです。

これができなければ、次なるアクションは起きません。

ママやパパのすることは、結果ではなく、過程を認め、褒めることです。

年齢が下がれば下がるほど、スモール

ステップの積み重ねが大切です。

そうやって、小さく褒められたわが子は、少しずつ目標を大きくしていく力を養っていくのです。

ただ、常によくわが子の行動を見て、逃さずに過程を褒めることは、簡単なことではありません。

24

キャリア教育時代の到来
―名門学習塾の突然の閉鎖―

東京の大手の塾が、突然、閉鎖されました。

もう目の前に入試の日が近づいている受験生にとっては、驚きどころか、絶望して途方に暮れる状況です。

受験生やその保護者の心中を、お察しします。

しかし、なぜ、40年も続いてきた、実績のある塾が、生徒たちに何の連絡もできずに突然潰れてしまったのか？

このことに怖さを感じます。

あるリサーチ会社の統計によると、2024年の塾の倒産件数は54件と、2000年以来過去最多となっています。

その原因は、少子化だけではありません。

入試制度の変化もその一つです。

5教科中心の筆記テストだけで合否を判定する上級学校は、年々少なくなってきています。

ＯＡ入試や論文、面接を重視する学校が増えてきています。

自分の特性は何か
何を学びたいのか
そして、
どうなりたいのか

入るために努力することよりも、入ってからいかに努力できるかが問われる時代が来たのです。

それは、学校だけにとどまらず、入社試験でも同じです。

5教科で点数をとる努力よりも、自分の特性を磨くことへ転換する時代がやってきたのです。

それが事実なら、この先
潰れる塾はますます増えていくことでしょう。

これからの時代が求めているのは
点数にとらわれない、自分の好きなことを見つけ、それを将来の仕事へ結びつけるキャリア教育
なのです。

私が開校したD．Ｓｃｈｏｏｌには、様々な分野で活躍しているプロの講師が、専門的な生きた知識や技能を子どもたちに教えています。

週に1時間程度のレッスンでは、なかなか定着しないのは明らかです。ただ、本校の子どもたちは、家に帰ってからも自主学習や自主練習を行っています。

なぜなら
自分の好きなこと
だからです。

たとえば、英会話のレッスンでは
小中学校に勤務しているＡＬＴが講師を勤めています。ＡＬＴが理想としている少人数制なので、子どもたちのそれぞれの興味に合わせて教材を用意できるのです。

それにより、家に帰ってからも、ママやパパに英語を使って話したり、自分の興味のある内容のユーチューブを英語で見たりしながら学んでいます。

もはやこれは、宿題や受験勉強ではなく、英語が自分の趣味になっているのです。

こういった、

好きなことの学びこそが
10年後のわが子を幸せにする
ことにママやパパに気づいてほしいと思います。

おわりに

小学校の頃、教師になりたいという夢を持ちました。そのきっかけは、父親が繰り返し聞かせてくれた父の担任の先生の話でした。

「わしが、中学校3年生の時、担任の先生が、進学を反対する両親を説得しに、毎晩のように家に来てくれた。」

「家には、兄弟が7人もいて、進学させられるだけの金なんかなかった。」

「先生は、時には、両親から怒鳴られることもあったが、『なんとか高校だけは出させてやってください。本人の希望をかなえさせてやってください』と言って、わしのために頭を下げてくださった。」

「結局、進学はできなかったが、中卒のわしでも、今の幸せな家庭を作れたのは、あの時の先生のお陰だと思っている。」

その話を聞かせられるごとに、いつの間にか、

「先生って、かっこいいな」

と、教師というよりも、その先生にあこがれるようになったのです。しかし、3年後、時がたち、私の息子も私の影響を受けて、教師になりました。

突然、教師を辞めて、鯉屋になってしまいました。

田舎育ちの息子は、子どもの頃から、近くの川や池に行って、魚を取ったり、それを家に持ち帰って育てたりすることが大好きでした。私はもちろんですが、祖父や祖母も、毎日のように息子に付き合って泥だらけになりながら、魚取りに夢中になっていました。

また、テレビゲームが流行り始めると、息子はゲームに夢中になりました。次から次へと新しいゲームを買いそろえていました。ゲームも時代とともに進化をし、一人でやるゲームからネットでつながるゲームが出てきました。

今度はそれにはまり、画面に向かって実況をしながら、全国のゲーマーに配信するようになっていきました。いつの間にか、全国の配信ランキングで1位になるところまで極めたのです。

ゲームを通して、ネットにも魅力を感じた息子は、ユーチューブやフェイスブック、インスタグラム、エックス、などのフォロワー数も増やしていきました。

その経験から、

「本当にやりたかった仕事は、幼少期から好きだった魚を扱う仕事だったんだ」

「今までにないネットを使った方法で錦鯉を売ったら、成功するんじゃないか」

と考え、自信をもって鯉屋さんに転職したのです。

そして、今では、錦鯉の販売数日本一の業者になり、会社をどんどんと大きくしています。

「人の一生は、出会いによって変わる」

と言われます。どんな人とどんな出会い方をするのかによって、人の人生は大きく左右されます。

わが子は、もうすでにママやパパに出会っているのです。

子どもは、ママやパパの影響を受けて大人になっていきます。

大人になって幸せになるためには、どんな仕事につくかが重要です。

変化の速い時代にあって、ママやパパの知識や経験はすぐに置いてきぼりにされてしまう時代です。子どものほうが、時代の流れに敏感に反応していきます。「好き」はどんどん変わっていくでしょう。

ママやパパの考えを押し付ける時代ではありません。子どもの「好き」を応援していくことが、10年後のわが子が幸せになれる職業を探し当てることにつながるのだと断言できます。

「むずかしいことをやさしく、やさしいことをふかく、ふかいことをおもしろく」という井上ひさし氏の言葉のように、この本を書こうと努力しました。読み終わったママやパパにとって、新しい発見があったでしょうか。

現在、私はD．Ｓｃｈｏｏｌという、子どものためのキャリア教育スクールを開校しています。現職の頃から、これからの時代を生きる子どもたちが学ぶ新しい場所づくりを考えてきました。それが形にできたのです。

「新しい自分発見
　好きを見つけよう」

がキャッチコピーです。

今、ここで学んでいる子どもたちの瞳は輝いています。その瞳の先には、自分の10年後の姿が見え始めています。たとえ、それが仕事に結びつかなかったとしても、今蓄えた知識や技能、そして経験は、その子が幸せな人生を生きていく上での大きな糧となるに違いありません。

この本を読み終えたママやパパが、わが子の10年後を見据え、奮闘する姿を想像しながら筆を置きます。

最後になりましたが、この本を出版するためにお力添えいただいた黎明書房の武馬久仁裕社長をはじめ編集の都築康予氏にお礼を申し上げます。

令和7年2月1日　勝負の年のスタートに寄せて

●著者紹介
塚本哲也
D. コーポレーション（株）代表取締役。
2 校の小学校校長歴任。
豊田市教育委員会指導主事歴任。
優秀教員文部科学大臣賞受賞。
中学校バレーボール部女子顧問として全国大会 4 回出場。
JRC 中学校都道府県対抗バレーボール大会愛知県選抜チーム女子監督歴任。

著書
『勝つ部活動で健全な生徒を育てる』
『勝つ部活動の教科書』（編著）
『13 歳からの勝つ部活動』（以上，黎明書房）

＊イラスト：伊東美貴

10年後《ねんご》のわが子《こ》を幸《しあわ》せにする本《ほん》

2025 年 5 月 1 日　初版発行

著　者　塚《つか》本《もと》哲《てつ》也《や》
発行者　武馬久仁裕
印　刷　株式会社 太洋社
製　本　株式会社 太洋社

発 行 所　株式会社 黎《れい》明《めい》書《しょ》房《ぼう》
〒460-0002　名古屋市中区丸の内 3-6-27　EBS ビル　☎ 052-962-3045
FAX 052-951-9065　振替・00880-1-59001
〒101-0047　東京連絡所・千代田区内神田 1-12-12　美土代ビル 6 階
☎ 03-3268-3470

落丁本・乱丁本はお取替します。　ISBN978-4-654-02410-0